산다와 살다의 상관관계

박중기 시집

산다와 살다의 상관관계

달아실기획시집
49

보조 용언과 합성 명사의 띄어쓰기 등 본문의 맞춤법은 시인의 의도에 따른 것임.

시인의 말

매었다 풀었다

묶었던 매듭

헐겁다

2025년 10월
박중기

차례

산다와 살다의 상관관계

시인의 말　5

1부

개화　12
공감　13
독거　14
집주인이 된 파리　16
동네 한 바퀴　17
밀당　18
밥　20
사랑 해례본　22
산다와 살다의 상관관계　23
이상한 세상　24
동행　26
편육　27
파벌 싸움　28
가족　30
한 점의 힘　31

2부

3·1절 34
사고다발지역 35
동종同種 36
시립 요양원 37
두 여자 38
보통명사가 되다 40
수족관 42
무관의 복서 44
인조인간 45
마른오징어 46
작명 48
중국집 오토바이 배달맨 49
철인 50
투명 인간 51
청운식당 52

3부

나무를 인용하다 56
갈대 58
자연인 59
동물원 60
만사형통 62
불안한 자전 63
빈집 64
소똥구리 65
완경 66
윤회 67
이상한 관계 68
파지 70
안개주의보 71
이빨 72
상강 74

4부. 섬은 섬을 향한다

살신성인 76
만다라 77
보리수 아래서 78
붓다 79
비문증 80
상가 81
선사 82
선암사 84
싹 86
양들의 불면 87
외면 88
현대판 삼종지도 89
임대계약 중 90
장날 91
침묵 92

해설 _ 성속일여聖俗一如의 시학 • 김겸   93

개화

강풍에도 문고리 놓지 않으며
엄동설한의 완력 앞에서도
꼭 꼭 문 닫아건
자존심 강한
꽃

따사로운 햇살
산들거리는 바람
보드랍게 스쳐갈 때
신비의 문
스스로
연다

그 힘으로
봄을 낳는다

공감

가닿지 못하는 오지처럼
마음 끊어진 몸

가미된 향기도
부푸는 거품도 없이
상처적 체질* 보듬는다

절대 순수의 천연 치료제

동그랗게
마음 열고 나와
시린 늑골 치유한다

'툭'
한 방울

휘발되는 통증
새살 돋는 상처

* 류근의 시에서 인용.

독거

"톡"
동전 떨어지면
안부가 훤히 보이던
그 목소리 어디로 갔나

동전 사라지고
동아줄 사연 끊어지고
그리움 짖어댈 성대 결절되고

희로애락의 수식이 붙은 추상명사 만화경 속으로 뿔뿔이 흩어졌다

결국
떠나지 않을 자 어디 있겠냐마는
외롭지 않을 자 어디 있겠냐마는

기다림 흥건히 엎질러진 채 숨 붙어 있다

오지 않을 동방박사 기다리며

빈 몸으로 선 널 보면
눈물난다

그리운 쪽으로 귀를 열어
수화기 너머 긴 고립을 듣는다

집주인이 된 파리

똥파리의 오명을 벗는다

이삿짐 꾸릴 일 없고
눈칫밥 먹지 않아도 되는
손발 비비며 아부 떨지 않아도 되고
두꺼비 먹이가 되는 비극적 운명을 비껴간다

파리 고궁 바닥의 대리석처럼 반짝이는
여름이 없고, 겨울도 안온한
넉넉한 집 한 채 가진
파리,
너는 좋겠다

내 꿈이 압축된 집 한 채

소변기에 앉은 파리가 일갈한다

삶,
정조준하시오

동네 한 바퀴

산책을 한다

산부인과 병원 지나 이유식 가게 지나 장난감 가게 지나 소아과 병원 지나 유치원 지나 아이스크림 가게 지나 학교 지나 피시방 지나 학원 지나 성형외과 병원 지나 웨딩하우스 지나 여행사 지나 내과 병원 지나 부동산 중개소 지나 은행 지나 안과 병원 지나 안경원 지나 치과 병원 지나 죽집 지나 이비인후과 병원 지나 보청기 판매점 지나 정형외과 병원 지나 의료기기상점 지나 요양병원 지나 장례식장 지나

산다는 건 동네 한 바퀴 도는 것

밀당

낚싯바늘에 걸린 물고기
낚싯대 꽉 거머쥔 어부
밀고 당긴다

끌려오거나
끊어지거나
겨루기
한판

'밀당'
사전에 없는
현실에만 존재한다

더 이상의 곡선을 허용치 않는
팽팽한 직선의 순간
그 극점

물고기가 되어
어부가 되어

산다

밥

일미칠근 一米七斤

쌀 한 톨에 땀이 일곱 근,
한 숟가락에 쌀 350톨, 2천450근,
밥 한 공기에 20숟가락 7천 톨, 4만 9천 근

손에서 놓을 수 없고
온 힘으로 들어야 한다
생의 마지막 그 순간까지

밥값 위해 일개미가 되고
밥통 채우기 위해 돼지가 되고
밥줄 때문에 허공에 매달린 거미가 되고

밥그릇을 벗어나지 못한다

누대를 거쳐
무게에 힘겨워하며
얼마나 실망하고 좌절했던가

"밥맛이야"

가벼이 논하지 마라

사랑 해례본

남자와 여자의 마음은 자음과 모음과 같아
혼자서는 통하지 아니하므로
이런 까닭으로
사랑을 이루고자 하여도
능히 이루지 못하는 자가 많으니
이를 어여삐 여겨
자음과 모음을 연하여
사랑의 말씀을 만드노니

서로 터놓고 지내는 사이(너나들이)라도 마음이 허전할 때(허우룩) 언제나(또바기) 유난히 귀엽게 여겨 사랑(굄)을···
인연마다 쉽게 익혀 이루게 할 따름이니라

산다와 살다의 상관관계

갓 구워낸 빵 냄새 맡으면 안 살 수가 없다
갓 태어나 꼼지락거리는 조막손 보면 안 살 수가 없다

살 수밖에 없다

산다buy와 살다live 사이에
절망과 희망이 잇닿아 있다

희망으로 가닿을수록
생의 구매 목록이 늘어간다

빵 한 조각 위해 목숨줄 길게 늘어선다

산다
'살다'의 필요조건이다

이상한 세상

로띠에 개모차 타고 호캉스 가서 뷔페 먹는다는데

서당 개 삼 년이면 풍월을 읊고
식당 개 삼 년이면 라면을 끓이고
철둑 개 삼 년이면 기차 소리 낸다는데
· · ·

사람으로 사는 개로 넘쳐나는데

말뚝에 매인 사람입니다

말뚝 인생 삼 년이면 개 짖는 소리한다는데

꼬리 살랑살랑
컹, 컹컹, 컹컹컹 · · · ·

개 흉내내는 사람들로 넘쳐나는데

사람을 꿈꾸고

개를 닮아가고

동행

꽃게 두 마리 서로를 꽉 물고 있다

집게가 잘릴지언정 놓지 않는다

그 게

돈 물고 사람 물고 있다

큰 먹잇감 나타나자

'툭' 집게를 푼다

그 놈

편육

로댕이 될 수 없을까

생각에서 분리된 머리를 세척한다
 잡내 없애기 위해 양파껍질, 대파뿌리, 월계수잎, 생강, 통후추, 마늘, 사과, 된장을 넣어 끓는 물에 오래 삶는다
 흐물흐물해지면 젖은 면보에 담아 누름돌로 눌러준다

눈과 코와 입과 귀가 한통속이 된다
딱딱하게 굳어진다

평면이다
그 속에 있다

웃음, 울음, 사랑, 이별 · · ·

파벌 싸움

파, 파, 파, 파들이 모여 대표를 뽑는다.

대파가 자신 있게 나선다. 외모가 당당해야 하지 않겠는가. 칭기즈 칸도 몸집 크고 힘이 넘치고 얼굴에 난 하얀 수염까지 나를 빼닮지 않았는가.

쪽파가 실소를 머금고 나선다. 비 오는 날 막걸리 한 사발 마시며 "파~ 파~" 파안대소하며 파전 먹는 최불암 아저씨가 소탈하고 대중적이지 않은가.

실파가 말 가로채며 사설을 푼다. 내 비록 몸 여리지만 '파송송 계란탁' 영화 속 주인공이었지. 무엇보다 인지도가 있어야 하지 않겠는가. 레이건도 영화배우 출신 아니던가.

기 싸움으로 지쳐갈 무렵 근본이 다른, 바다 건너온 까도 까도 속을 알 수 없이 음흉한 양파(일명 다마네기)가 깡패처럼 나선다. 다 필요 없고 대파, 쪽파, 실파, 다 덤벼.

破, 破 破, 破 破 破 · · ·

파죽음 되도록 얻어맞아 멍든 세월이 삼십오 년이다.

가족

쇠하고
허기지고
쥔 것 없어도

응,
다행이야
집 나간 오늘이 모두
무사히 당도할 수 있어서

한 점의 힘

'00 저지' 현수막
'저'란 글자 흰 테이프로 가려 '지지'로 만들어놓았다

'저지'와 '지지'
목숨과도 같은, 피 흘려 쟁취해야 하는 이데올로기
점 하나로 바꿀 수 있다니

한 점 불씨로부터 도자기가 구워지듯, 한 점 바늘귀를 통과해야 옷이 지어지듯, 한 점 세포로부터 인간이 태어나듯, 한 점 빛으로부터 광명이 오듯···

어둠을 물고 반딧불이 하나 날아간다

2부

3·1절

"안중근 의사가 의사 맞아?"
길 가다 우연히 아이들 대화 귀동냥한다.

안중근은 의사이다.
역병을 퍼뜨린 병원균의 숙주 같은 이토 히로부미 제거하고 조선을 건강하고 활력있는 나라로 만들려고 했으니, 사람 치료해주는 의사보다 목숨 걸고 아픈 나라 치료해준 큰 의사라고 말해주면 어떨까?

의사 증원의 틈새시장을 노리고 초등학교 5~6학년 대상으로 독립군을 모집하는 플래카드가 곳곳에 걸려 있다.

다행이다.
제2의 3·1절은 없을 테니까.

사고다발지역

급발진으로 추정되는 사고 운전자
갑자기 굉음을 내며 달려나갔어요
브레이크가 작동하지 않았어요
통제 불능이었어요
꽝

여의도 부근
급발진의 말들
정상 보행 중이던
시민들 들이받는다
꽝

기억이 없어요

동종同種
— 어느 연예인이 죽던 날

누군가
악취가 풍긴다고
근원을 밝히겠다고
꽃잎 속 낱낱이 들춰보더니
꽃대 마구 흔들더니
뿌리까지 뽑더니

누군가
물기 마른 뿌리 심어주고
부러진 꽃대 세워주고
떨어진 꽃잎 쓸어주고
근거 없던 근원에 분개하고
향기 추억한다고

오며 가며 즐겨 보던
꽃답게 피던 한 송이 꺾였다

악과 선은 한 뿌리에서 자란다

시립 요양원

넘어졌어요.
Help!

 뒤를 모른 채 앞만 보고 달리던 전동킥보드 길가에 배 뒤집고 누웠다. 누군가의 필요가 방전된 채 쓰러져 스스로 직립할 수 없다.

 속도 위에 올라탄 질주 본능, 속도의 유희 속으로 빠져들던 화양연화 시절이 있었다.

 일으켜줄 이도, 충천시켜줄 이도 없는, 속도를 이탈한 고철 덩어리가 집하장으로 실려 간다
 달려온 길 사라지고 죽은 길 마중 나온다.

두 여자

생명을 물린다

조막손이
작은 입술이
말랑말랑하고 비릿한 살내음
청정한 산골 샘물 흐르는 소리
홑 적삼 풀어 젖히고 훤히

이마를 쓰다듬는다

몸을 물린다

거친 손이
두툼한 입술이
탱탱하고 육감적인 쾌락의 살냄새
우레 치는 폭포의 격정의 소리
브래지어 속 은밀하게

등을 어루만진다

두 개의 가슴, 그 앞에선
활짝 열린다

보통명사가 되다

모래판은 난해한 겨루기이다

앞무릎치기, 앞무릎짚기, 앞무릎뒤집기, 오금당기기, 앞무릎짚고 밀기, 뒷오금짚기, 옆무릎치기, 콩꺾기, 팔잡아돌리기, 앞다리들기, 손짚이기, 밭다리걸기, 밭다리후리기, 밭다리감아돌리기, 안다리걸기, 오금걸이, 호미걸이, 낚시걸이, 뒷발목걸이, 뒷축걸어밀기, 발목걸어틀기, 앞다리차기, 배지기, 오른배지기, 맞배지기, 엉덩배지기, 돌림배지기, 들배지기, 들어놓기, 들안아놓기, 돌려뿌리치기, 공중던지기, 허리꺾기, 밀어던지기, 모둠앞무릎차기, 차돌리기, 무릎대어돌리기, 등채기. 등쳐감아돌리기, 등쳐감아젖히기, 연장걸이, 잡채기, 애목잡채기, 들어잡채기, 옆채기, 업어던지기, 어깨넘어던지기, 자반뒤집기, 샅들어치기, 앞으로누르기, 꼭뒤집기, 빗장걸이, 무릎틀기, 덮걸이 · · ·

외우기도 어렵고
풀기는 더더욱 힘든
모래판의 난해한 공식들

상처처럼 아프고
불가능처럼 막막하고
살아 있는 지옥처럼 무서웠다

기도처럼 외우고
땀 젖은 몸으로 풀어
모래판에 음각된 王 새겼다

통증 머금은 모래의 시간은 응고되어
우뚝 선 바위가 되었다

천하장사, 이만기

앞무릎치기,
첫 공식 하나 풀어본다
무릎이 무너진다
우지끈

수족관

사유가 무소유로 존재한다

바다를 잃고
인연의 고리마저 끊긴 채
낚시미늘에 꿰어져 끌려왔다

바다와 격리된 공간
밖으론 사각의 하늘이 보이고
가끔 안부를 탁발하듯 발걸음 지난다

비늘 너덜너덜
몸속 진 다 빠진 채
배 드러내고 숨 몰아쉰다

뽀글뽀글 산소 호흡기로 가쁘게 할딱인다

활어의 희망이 사라지자, 뜰채로 건져낸다
하얀 시트 같은 도마 위에 몸 누이고
염습이 시작된다

흰 천에 덮인 주검이 실려 나온다

수족관手足棺

무관의 복서

 사각의 링에서 싸움이 시작된다. 상대는 현란한 몸짓으로 허점을 노린다. 헛스윙을 할 때마다 묵직한 잽, 훅, 어퍼컷, 보디블로… 몸을 강타한다. 더킹, 위빙, 풀백, 슬립, 블로킹으로 피해보지만 눈두덩이 붓고 코피가 흐르고 다리가 풀린다. 카운터 펀치가 안면을 강타한다. 그로기 상태에서 필사적으로 클린치로 버텨보지만 정리해고의 통지서가 흰 수건처럼 던져지고 게임 종료를 알리는 공이 요란하게 울린다. 가장이라는 타이틀 하나로 버텨온 선수가 경기장을 빠져나간다. 신인 선수가 대기실에서 몸 풀고 있다.

인조인간

몸에 과자봉지처럼 바코드가 생성되는 순간
태어난 것이 아니라 만들어진 것이다
인조인간으로

토종인지 수입산인지, 수컷인지 암컷인지, 이혼녀인지 워킹맘인지, 화이트칼라인지 블루칼라인지, 보수인지 진보인지,

진열장에 전시된다
소비를 기다리는 상품으로

같은 듯 다른 듯 적나라하게 드러난
성분과 함량과 가격을 읽고 들었다가 놓았다가
유물론적 궁리의 대상이 된다

한 줄기 빛이 바코드를 읽을 때
누군가의 필요가 완성된다

"결제되었습니다."

마른오징어

한 바다가 지도에서 사라졌다

파도를 몸에 새기던 원대한 희망
지분거리는 세상 먹물로 저항하던 결기
살기 위해 거짓 몸짓으로 도둑질 일삼던 오욕
오적어烏賊魚 묵계의 허풍선 둥둥 띄우던 풍류
한 몸으로 살았지만

두고 온 그 넓디넓던 바다 부질없다

대나무 꼬챙이 꿰어져
바람이 새겨진 몸, 각질이 인다
떼어낼 멸치 대가리 같은 생각도 잊고
마른 가슴팍, 밴댕이 속 같은 마음도 비웠다

갈비뼈 하나 없이
영혼마저 증발해버린 채
바싹 마른 주검이 불에 구워진다

살 타는 냄새가 난다

이승에 남겨진 사람들
순장된 기억을 눈물로 꼭꼭 씹는다

작명

거리마다 내걸린 간판들
수많은 얼굴들의 고유명사들
지갑 속 지폐 대신 쌓여가는 명함들

저마다의 이름으로 마케팅을 하고 있다

타우마타와카탕이항아코아우아우오타마테아투리푸카
카피키마웅아호로누쿠포카이웨누아키타나타후*

성공한 마케팅일까?

너무 길다**

---

* 뉴질랜드 북섬 호크스베이 지방에 있는 언덕 이름.
** 쥘 르나르의 「뱀」이라는 시 전문, 이 시로 노벨상을 수상하였다.

중국집 오토바이 배달맨

"부릉, 부르릉" 시동이 걸리자
 정지선 넘어서고 신호등 무시하고 중앙선 넘나들며 과속과 추월 일삼으며
 "쾅" 죽음 맞을지라도 오직 탑승 중인 자장면을 위해 달리고 달린다

 중국집 오토바이 배달맨 뒤에 탄 여자가 부럽다

 불어터지지 않는
 시속을 모르는
 겁이 없는
 사랑이

철인鐵人

 임플란트 심고, 목뼈에 나사못 박고, 핏줄에 스텐트 삽입하고, 무릎에 쇳덩이 끼워 넣고, 정강이에 철심을 비벼 넣고···

 머리에서 발끝까지 철鐵이 되어간다

 마음까지도 철이 되어간다

 철인鐵人으로 가득한 세상

 쇳소리 흘러나온다
 철, 철, 철···

투명 인간

출근길에서, 차 안에서, 시장 거리에서, 낯선 여행지에서···

모른 척 지나쳤지만 나를 보고 있었다
간절한 눈빛으로

출근길에서, 차 안에서, 시장거리에서, 낯선 여행지에서···

모른 척 지나쳤지만 나는 보고 있었다
간절한 눈빛으로

서로를 쫓는데

너도, 나도

없다

청운 식당

맛보기 전 섣부른 상상은 금지

사내의 손이 허기로 다가간다
알몸의 그녀 완강하게 거부한다
식욕은 발정 난 수캐처럼 달려들고
벗은 몸 이리 차이고 저리 피한다
오색 깃털 가진 꿩도 아니면서
벼슬 단 닭도 아닌 것이
제 분수도 모른다고
'요것 봐라.' 오기로 가득 차
우악스럽게 옥죄오는 손
엎치락뒤치락,
· · ·
몸싸움 계속된다

너라면
희롱하듯 막무가내로 다가오는
우악스럽고 낯선 손길에,
느닷없이 찔러대는 폭력에,

호락호락 몸 허락하겠냐고

내가
가족사진 속
웃고 있는 당신 딸이라면
그렇게 마구잡이로 달려들겠어
먹어보겠다고

끝내 거부한 살결 고운 몸뚱어리
날개 없이 투신한다

"사장님, 메추리알 좀 더 주세요."

나무를 인용하다

나무가 하던 속엣말을 기억한다

새순은 빨리 어른이 되고픈 어리석은 생각이고
잎사귀는 치부를 가린 이브의 옷이다
꽃은 애인에게 받은 선물이고
단풍은 호객하는 장사꾼이다
낙엽은 불합격 통지서이고
옹이는 첫사랑의 증거다
이끼는 땀 찬 음낭이고
나이테는 해와 달의 교합이다
도끼 자국은 살다보면 생기는 스크래치이고
뽑힌 뿌리는 어제 꾼 흉몽이다
굽은 가지는 뒷골목 전전하던 불량 시절이고
죽은 나뭇가지는 거세된 욕망이다
꺾인 가지는 밤늦게 귀가하는 아버지 어깨이고
가시는 어머니 아물지 않는 혓바늘이다
씨앗은 아버지의 또 다른 여자이고
연리목은 철없던 시절 길거리 서툰 연애질이다
낙과는 추락하는 비행물체이고

잘 익은 열매는 성인잡지 속 알몸의 여자다
까치밥은 구세군 냄비 속 지폐이고
그루터기는 앉은뱅이의 무덤이다
둥지는 연인들의 보금자리이고
그늘은 염치없는 아들과 딸이다
드러난 뿌리는 밤새 앓는 치통이고
표피는 생의 영원한 바깥이다
우듬지는 전망 좋은 집이고
고목은 건망증이 심하다

나무*가 된다

각주를 단다

* 나무: 땅과 하늘을 사는 직립의 오래살이 목성木姓의 생물이다.

갈대

 무언가 궁리를 마음에 두고 걷다 눈 마주친 나를 두고 이러쿵저러쿵 말이 많다. 사랑의 변절자란 오명을 씌우기도 하지만 나를 통해 사랑의 실체 깨닫게 되었으니 사랑을 가르친 셈이고, 억새와 혼동하는 오류 낳기도 하지만 나를 통해 진실과 허위 구별하게 되었으니 정의를 가르친 셈이고 시인들 종종 나를 시적 소재로 삼는 걸 보면 문학을 가르친 셈이고, 자연을 숭배하는 사람들 나를 통해 세상의 오염을 정화한다고 하니 환경을 가르친 셈이고···
 나는 당신의 도반이다.

자연인

별빛 폭죽 터지는
달빛 가로등 비추는
들것, 날것 소리 널브러진

도시에서 왔다

"불편해서···"
"무서워서···"

도시를 떠나왔다

"도시가 더···"

오늘도
밤이 뜨고
야생이 태어난다

동물원

한 울타리 안에 산다

선한 눈망울 가진
가닿을 수 없는 기다림에 목이 긴

목덜미 물어뜯는
약육강식의 살기로 가득 찬

선善이 퇴화한
살기 빳빳이 세우고 맹독을 지닌

진화가 덜 된
잔꾀 부리다 나무에서 떨어지는

아홉 개 꼬리로
밤마다 요염하게 변신하는

삼 년 눈칫밥 먹던
목줄 묶인 채 밥그릇 지키는

먹이 부스러기를 향해
밟혀 죽으면서도 떼 지어 달려드는

내 늑골 속에 갇혀
산다

만사형통

"거시기가 거시기보고 거시기허먼 거시기헝께 거시기
하지 말고 거시기허라 하데."

씹지 않고 설컹설컹 삼켜도
산마루 구름 넘어가듯
막힘없이 넘어가
잘 소화되는
남도의
말

섬진강 매화 거시기하게 피었다

불안한 자전

낮과 밤
일 년을 하루같이
미세한 흔들림도 없이
정속 주행하던
저 기사

옛날엔
모범 기사의 운행에
온전히 하루를 맡겼다

대리 운전기사
피로가 나날이 쌓여간다
브레이크와 가속 페달에 자주 발이 간다
신호위반, 역주행, 급정거와 급가속, 불법유턴···
평정을 잃는다

멀미가 심하다

빈집

 햇살은 고요로 툇마루에 나앉고, 바람은 연신 안방과 건넌방 드나들고, 까치는 감나무로 부산하게 나뭇가지 물어 나르고, 민들레는 채마밭에 종일 터를 잡고, 거미는 처마 끝에 넉넉하게 차양을 치고, 담장의 넝쿨장미는 향기로 벌 나비 희롱하고, 앞마당 앵두나무는 선홍빛 농익은 몸으로 구애를 부르고, 뒤뜰의 개망초는 담장 밖으로 실없는 웃음 흘리고, 깨진 항아리에 고인 빗물엔 구름이 한가하게 놀다 가고, 칠 벗겨진 대문엔 아침마다 나팔꽃이 덧칠한다

 잠시 머물던
 나그네 부재중이다

 빈賓
 집이었다

 다 그대로이다

소똥구리

소똥구리 멸종되어간다

소가 싸놓은 똥
온몸으로 굴리며 간다
똥 치우는 업보를 타고나
이름까지도 똥냄새 풀풀 풍긴다

철없는 새끼들
퍼질러놓은 똥
해와 달을 굴리고 굴려
묵히고, 삭히고, 발효시켜
경단으로 빚어 밥으로 지어내던
똥밭 뒹굴어도 향기 나던 풍뎅잇과 여자

길동이 엄마, 복순이 엄마, 철이 엄마, 순이 엄마···

완경

"달이 꺼졌네."

달이 있었다

늑대가 쳐다보며 울부짖던
다달이 생명으로 부풀어오르던
가득 차오르면 하혈하듯 쏟아내던
신비의 궁전 속 저 홀로 떠오르던

태양을 삼킨 빛으로 떠오르던 나날이었다

누가 껐을까
몸속 달

어둠이 커진 속 들여다본다
달이 진 여자

윤회

'끙'
안간힘으로
나뭇가지에 매달리다
힘에 부쳐
놓는다

'툭'
거칠고 차가운
땅바닥에 눕는다
홑겹의 나뭇잎

흙으로 퇴적되어간다

속절없다

이상한 관계

차오르는 분노 삭이지 못하고
극한의 모멸감 느끼고
무시당할 때

그때마다
혀에 길든 너
배설처럼 쏟아내지

한 마리 짐승은 태어나지

이빨 드러내며
뒷골목 전전하며
핥던 밥그릇 빼앗기던

내 안의 워리warry를 까맣게 잊고서

몸과 마음 다치고도
이름 불러주면 꼬리 흔들며
그윽한 눈빛으로 기꺼이 다가오지

밥 냄새 쫓아 어슬렁거리지, 해피happy를 꿈꾸며

밥줄에 매인 채
목줄의 반경 벗어나지 못하고
떠나지 못하는구나

밥그릇 주위를 맴돌며
도리 없이 우린
너처럼

개답게.
밥, 밥 부르짖는
개 같은 놈이 되어가지

파지

종이 위에 그림을 그린다

새 몇 마리 그리자 쪽빛 하늘이 열리고 벼 몇 포기 그리자 황금빛 들녘이 된다. 물고기 몇 마리 그리니 출렁이는 강이 흐르고 나무 몇 그루 그리니 초록의 숲이 된다.

여백에 사람 몇 그려 넣자
일순간
제 색깔을 잃는다

파지破地가 된다

구겨진 세상이 널브러져 있다

안개주의보

2025년 4월 4일 기상특보가 발령된다

기온 차이가 심하다
안개가 자욱하다
회색의 도시

바람에
몸 맡길 뿐

훈풍일까?
삭풍일까?

지금
광화문은 환절기
한 치 앞도 보이지 않는다

안개를 뚫고 자유의 함성이 들린다

이빨

맑고 투명한 날카로움을 본 적 있는가

쥐라기 공룡의 이빨 가졌지만
목덜미 물어뜯어본 적이 없고
대못 같은 적의 드러내지만
심장 하나 뚫은 적 없고
창 겨누지만
몸 한번 찌른 적 없다

뭇 생명들 젖 물리던
여리고 여린, 뼈 없는 연체류
겨울 한복판에서
강골한 뼈대 세우고 있다

잠시 생각을 멈추고
송곳니 드러내고
번득이고 싶었을 게다

햇살에 갈면 갈수록 녹아내리던 날

창이 아니다, 이빨이 아니다
물의 성정이다

겨울 끝에 매달린
몸 허문다
툭,

상강

신북 오일장
양구 시래기요?
아니오 내 시래기요
흉중의 말이 바삭거린다

무가 자라면 무청은 광합성의 한계를 드러내고
무서리 내리자 인연마저 거세된다
저 홀로 시들면서 말라가며
갈무리된다

시래기만의 일은 아니다

우듬지에 걸려 있다
시린 바람에
마른다

당신

4부

섬은 섬을 향한다

살신성인

고사상 올라 웃는 얼굴로 축원하노니
부디 부자 되게 하소서
순대 속 꼭꼭 다져 넣고 골수 우려낸 탕 속에서 비노니
뱃속 뜨끈하게 채우소서
진창에서 오욕 견디던 족발이 원하노니
굴신하지 말고 꼿꼿한 두 다리로 걸으소서
쾌락과 고통이라는 세 번의 윤회 거친 삼겹살이 청하노니
노릇노릇 구워진 유혹 빠지지 마소서
자존심 뽑히고 맨살 드러난 껍데기가 말하노니
쉽게 섭식하지 말고 잘근잘근 씹어 삼키소서

"잘 살면 돼지!"

이 한 몸 다 바쳐서라도

만다라

이른 새벽 삼십 리 오일장 굽은 허리로 나선다
소나기 품은 구懼름 낀 하늘 같은 생,
고苦사리 한 줌, 애哀호박 서너 개, 오惡얏 한 됫박, 노怒
각 반 접···
애愛오라지 자식 위한 희喜망으로
욕欲심 가득 이고

칠정七情 가득하더니

헐값에, 덤으로, 공짜로,

공空으로 가득 채운滿 다라 이고 달빛 후광 받으며 간다

보리수 아래서

유월 염천의 보리수
선홍빛 유혹 가지가 찢어질 듯 달고 있다
곤곤한 바람에 떨구었을 때
선연히 드러나는 허위
내 안의 폐허

'아!'

욕망 다 떨군 보리수 아래

누구인가
외롭게 두고 간 자취에서
고뇌를 읽는다

물컹,
시큼한 문장이다

붓다

이사 떠난 집 앞
미처 챙기지 못한 꽃 화분
타는 목마름으로 시들어간다
지나던 누군가 생수 한 병 붓다 간다

스쳐 지나간다
붓다인 듯

비문증

사그랑주머니 같은 눈에 하루살이 떠다닌다

비구니를 바구니로 읽는다

나는 바구니가 되어
무언가 채워야 목적이 완성된다
속俗을 늘려가면서 살고 있다
억척스럽게 안간힘으로
업 지으며

당신은 비구니가 되어
무언가 비워야 목적이 완성된다
공空을 늘려가면서 살고 있다
무욕無欲으로 순응하면서
덕 쌓으며

점 하나
나와 당신 사이
건너야 할 세상이 멀고도 험하다

상가

카톡, 카톡, 카톡···
부고가 뜬다
유통기한 다한 죽음을 세일한다

최저가, 오만 원, 오만 원
호객한다
장바구니에 담는다

죽음을 판다

선사

소리 하나에 기대어 산다

무음으로 독백으로 우는 인간에게
울음의 모범 보여준다
곡비哭婢처럼

제 속에 든 슬픔의 총량 다 토해내듯
입이 아니라 뱃가죽이 터지도록
울음의 근원에 기대어

맴~맴~매애앰, 쓰름쓰름~, 쓰르람쓰르람~
너머의 심장 깊숙한 곳 가닿을 때까지
맹렬하게, 줄기차게

껍질만 남을지라도
울음은 삶을 짓는 일
옹골차게 살아내야 한다는 듯

선蟬* 선사

입적에 들었다
울음이라는 화두 남기고

선사의 울음 훔치는 소리 들었다

울음의 뼈 하얗게 드러낸
자궁 열고 나오던
바로 그때

* 선蟬: 매미.

선암사

뒤를 까고 앉는다
"끙"
숙변을 비운다

돈 많은 신도 편애하는
염불 소리 목탁 소리 어설픈
일주문 막고 돈 뜯어 쌈짓돈 챙기는
초상집 문상 가서 염불해주고 뒷돈 받는
이등병 같은 비구比丘 짬밥으로 군기 잡는
흙먼지 날리며 고급 승용차 타고 만행 나서는
신도들 주머니 털어 태산 같은 금동불상 세우는
멧새, 다람쥐 집 허물고 템플스테이 짓고 영업하는
· · ·

널빤지로 허공에 해우소 만든 통 큰 스님
일갈하는 소리 똥구멍으로 들린다
"허공에 절 지으시오."
보시한다
철퍼덕

배롱나무꽃 만발한다

싹

여린 싹,
짓물러가는 몸
불우의 상처 낳고 있다

장기를 이식하듯
희생으로 요약된 몸으로
구황의 생 꿈꾼다

생명을 잉태하는 저들은
시인이었을까?
신이었을까?

제 몸 열어
갇힌 어둠 속에서
새 세상을 낳고 있다.

양들의 불면

양 한 마리, 양 두 마리, 양 세 마리···
잠 못 드는 양
희생양

그럼에도 불구하고

꿈 밖에 세워두고
홀로 잠든다
양치기

외면

 캄보디아 킬링필드 내 사원. 법당에 들어 죽은 자의 원혼과 산 자의 소원을 빌고 천 원짜리 몇 장 시주하고 나오는데 법당 밖 예닐곱은 된 듯한 여자아이가 눈먼 엄마, 옆에 앉혀놓고 관광객의 신발을 가지런히 정리하고는 조막손 내민다. 그냥 돌아섰다. 살아 있는 부처의 손 잡지 못하고 의수義手만 잡고 왔네.

현대판 삼종지도

갓 쓴 남자가 사라졌다

"나는 커서 뭐가 될까요?"
어머니에게 물어봐

"아이는 어떻게 키울까요?"
아내에게 물어봐

"콧줄 낀 여생 어떻게 할까요?"
딸에게 물어봐

관습의 남자가 치마폭에 싸여 죽었다

임대계약 중

임대합니다.

계약이 만료되었다. 기간은 임의로 수정할 수 없다. '갑'이 원하는 계약에 따라야 한다. 임대료를 지불해야 하는 의무만 있을 뿐이다. 파산한 세입자는 종종 스스로 문을 닫는다. 샹들리에 매단 상점도 호롱불 내건 상점도 계약이 만료되면 새로운 세입자가 나타날 것이다. 오늘은 다른 세상에서 붉은 이름 석 자 내건 지인의 조문을 다녀왔다. 일력日曆을 넘기듯 생의 문을 열고 유리창을 닦고 상품을 진열하고 호객행위를 한다. 천기를 누설할 수 없는 생몰 연대가 갑의 계약서에 있다. '갑'은 오늘도 임대계약 확인 중.

장날

복음을 판다
찬송가를 부르며
배를 밀고 가는 하나님

자비를 팔다
가부좌를 틀고
염불을 외우는 부처님

매번 파장 분위기이다

배고픈 세상
무신론이 더 잘 팔린다
장사꾼의 전대가 두둑하다

침묵

침목은 무거운 하중으로 짓눌러도 아픔을 속으로 삭인다
꼬막은 펄펄 끓는 고통에서도 자기를 발설하지 않는다
묵은 칼을 순순히 들이면서도 외마디 없다

궁극이 있으나 언어를 비운다

소리가 구전口戰의 혁명을 이끌지만
묵묵부답에 번번이 실패로 끝나는
피안으로 건널 때 완성되는
완벽하고 다의적인
비언어적 말씀

천 년 해탈을 꿈꾸며
입 닫아건
돌부처

해설

성속일여聖俗一如의 시학

김겸
시인, 문학평론가

 진리란 초월적인 심급에 존재하는 것이 아니다. 저마다의 삶의 자리가 수행의 공간이라면 진리는 바로 그 자리에서 피어난다. 그런 의미에서 우리의 일상은 "추락의 방향도 아니고, 봉쇄나 장애물도 아니며, 다만 하나의 장場"이자 "하나의 단계이며 도약대"(앙리 르페브르, 『현대세계의 일상성』)라고 할 수 있다. 누구나 땅을 밟고 살지 하늘을 딛고 사는 것은 아니다. 고단한 일상의 세목에서 떠올리는 "'툭'/ 한 방울"의 통찰은 통증으로 미만한 우리 삶의 자리를 "새살 돋는 상처"(「공감」)로 되먹임한다. 이 작용과 반작용은 삶에 대응하는 미학의 자리이자 시가 일상을 포월匍越하는 도약의 순간이라 할 수 있다.
 산다는 건 산부인과에서 장례식장까지 "동네 한 바퀴 도는 것"(「동네 한 바퀴」)과 같고, 그 생애 속에서 우리는

"밥값 위해 일개미가 되고/ 밥통 채우기 위해 돼지가 되고/ 밥줄 때문에 허공에 매달린 거미"(「밥」)가 된다. 살기 위해서는 무엇인가 사야 하고, 사기 위해서는 벌어야 하는데, 이 "'살다'의 필요조건"인 '산다'(「산다와 살다의 상관관계」)를 위해 힘겨운 노동과 반복적 일상을 인내하는 것이다. 이러한 일상에 대한 탈출구로 많은 이들은 여가를 꿈꾼다. 하지만 이때 여가란 축제도 노고에 대한 보상도 자유스러운 활동도 아닌 "보편화된 구경거리, 즉 텔레비전·영화·관광"(위의 책) 그 이상의 것도 되지 못한다. 자본주의하에서 제도화된 여가란 소비 조작의 스펙터클로 기능하기 때문이다.

그런 이유로 시인은 이러한 일상에 대한 메타적 시선을 제안한다. 시란 본질적으로 현상에 대한 메타적 인식을 토대로 하는 것이라면 이것이야말로 현실이라는 지옥도를 되먹임하는 인식의 디딤돌이 되기 때문이다.

"부릉, 부르릉" 시동이 걸리자

정지선 넘어서고 신호등 무시하고 중앙선 넘나들며 과속과 추월 일삼으며

"쾅" 죽음 맞을지라도 오직 탑승 중인 자장면을 위해 달리고 달린다

중국집 오토바이 배달맨 뒤에 탄 여자가 부럽다

불어터지지 않는

시속을 모르는

겁이 없는

사랑이

— 「중국집 오토바이 배달맨」 전문

 일반적으로 퀵서비스맨의 질주는 현대사회의 속도에 비유된다. 과속이라는 것도 결국 제한된 시간 내에 무엇인가를 상대방에게 전달하기 위한 것이라면 이것은 단지 편리함의 문제가 아니라 우리 사회의 생산·유통·소비의 사이클이 이를 강제하고 있다는 뜻이다. 이러한 속도는 곧 "노동 강도의 강화와 연관"(강내희, 「서울의 속도」) 된다. 결국 인간이 스스로 감당할 수 없을 만큼의 속도로 우리 삶이 규율된다면 그 현실은 과로로 급기야 과로사로 이어지기 마련이다.

 그러나 시인은 정지선도 신호등도 무시하고 중앙선을 넘나들며 과속과 추월을 일삼는 "중국집 오토바이 배달맨"에게서 "불어터지지 않는/ 시속을 모르는/ 겁이 없는/ 사랑"을 발견한다. 그의 질주가 ""쾅" 죽음"으로 이어질 수도 있지만 그의 속도는 '산다'를 위한, '살다'를 위한 몸부림이기 때문이다. 그리고 그것은 자신만을 위한 것이 아니라 자신의 등 뒤에 탑승한 사랑하는 여인의 '살다'를 위한 것이라면 그의 목숨을 건 질주, 그 겁 없는 사랑은 차라리 위대하다.

이처럼 인식은 점 하나로 바뀐다. "'저지'와 '지지'/ 목숨과도 같은, 피 흘려 쟁취해야 하는 이데올로기/ 점 하나로 바꿀 수"(「한 점의 힘」) 있듯이. 시를 왜 읽는가에 대한 대답 중 하나로 일상의 쇄신을 들 수 있다. 점 하나에 사물이 다시 보이고 세상이 달리 보이는 것 말이다. 그것이 시를 포함한 예술이 가지고 있는 혁명성이 아닌가. 그러기에 한 편의 시는 삶의 희비애락을 '여기'가 아닌 '저기'로 이끈다.

로댕이 될 수 없을까

생각에서 분리된 머리를 세척한다
잡내 없애기 위해 양파껍질, 대파뿌리, 월계수잎, 생강, 통후추, 마늘, 사과, 된장을 넣어 끓는 물에 오래 삶는다
흐물흐물해지면 젖은 면보에 담아 누름돌로 눌러준다

눈과 코와 입과 귀가 한통속이 된다
딱딱하게 굳어진다

평면이다

그 속에 있다

웃음, 울음, 사랑, 이별…
— 「편육」 전문

 잘 알려진 대로, 로댕Auguste Rodin의 대형청동상 〈생각하는 사람Le Penseur〉(1904)은 원래 〈지옥의 문La Porte de l'Enfer〉(1880)에서 고통받는 지옥 군상들을 내려다보고 있는 고뇌하는 '시인Le Poète'의 모습으로 먼저 형상화되었다. "로댕이 될 수 없을까"라는 발화는 바로 〈지옥의 문〉에 등장하는 시인의 시점이 되고자 하는 화자의 욕망을 드러낸다. 이어 편육을 만드는 과정이 하나하나 제시되는데 마침내 완성된 음식의 평면엔 "눈과 코와 입과 귀가 한통속이 된" 형상이 나타난다. 곧 편육 속에 "웃음, 울음, 사랑, 이별"이라는 인생사의 만감이 〈지옥의 문〉의 군상들처럼 새겨진 것이다. 이는 우리 삶의 지옥도를 응시하는 시인의 모습이며 인생사의 희비를 한 조각 편육처럼 아로새길 시작詩作에의 욕망을 드러낸 것이라 할 수 있다.
 박중기 시인의 시에서 형상화된 우리 생의 풍경 중 가장 중심을 차지하고 있는 것은 바로 먹고사는 일, 그 생활에의 진경에 있다. 누구에게나 먹고산다는 것은 두렵고도 신기한 일이다. 현대를 사는 모든 이들에게 노동은 실업과 같은 상실의 위험을 전제해야 하며 그럼에도 불구하고 산 입에 거미줄 치지 않는 법이니 또 그 호구가 신기하기도 한 것이다.

시인은 "가장이라는 타이틀 하나로 버텨온 선수가 경기장을 빠져나간다. 신인 선수가 대기실에서 몸 풀고 있다."(「무관의 복서」)라는 진술을 통해 먹고 먹히는 노름판이나 다름없는 생의 각축장에서 버텨낸 가장家長의 모습을 그려낸다. 그리고 그가 은퇴라는 이름으로 쓸쓸하게 경기장을 빠져나가면 또 다른 선수가 가장의 모습으로 이 생의 전쟁터에 출전하게 되는 것이다. 이 가장은 누구인가. "아랫목에 모인/ 아홉 마리의 강아지야/ 강아지 같은 것들아/ 굴욕과 굶주림과 추운 길을 걸어/ 내가 왔다/ 아버지가 왔다/ 아니 십구 문 반의 신발이 왔다"(박목월, 「가정」) 여기에 가슴 아프게 등장하는 우리들 아버지가 아닌가. 그리하여 시인은 한 그루 나무를 보아도 "꺾인 가지는 밤늦게 귀가하는 아버지 어깨이고/ 가시는 어머니 아물지 않는 혓바늘이다"(「나무를 인용하다」)라고 말하는 것이다.

소똥구리 멸종되어간다

소가 싸놓은 똥

온몸으로 굴리며 간다

똥 치우는 업보를 타고나

이름까지도 똥냄새 풀풀 풍긴다

철없는 새끼들

퍼질러놓은 똥

해와 달을 굴리고 굴려

묵히고, 삭히고, 발효시켜

경단으로 빚어 밥으로 지어내던

똥밭 뒹굴어도 향기 나던 풍뎅잇과 여자

길동이 엄마, 복순이 엄마, 철이 엄마, 순이 엄마…
— 「소똥구리」 전문

  그러니 가족을 책임진다는 것이 어찌 가장만의 짐이겠는가. 소똥을 굴리며 이를 먹이 삼아 사는 식분곤충인 소똥구리는 이를 자신의 둥지로 가져가 그 안에 알을 낳고 새끼들을 키운다고 한다. 여기서 시인은 "풍뎅이과 여자", 우리들의 엄마를 떠올린다. "철없는 새끼들/ 퍼질러놓은 똥"으로 생애를 빚어 새끼들을 키워낸 "똥밭 뒹굴어도 향기 나던" 무수한 엄마들……. "소똥구리가 멸종되어 간다"는 진술은 생태적 상황을 의미하는 것이 아니라, 어떤 의미에서는 희생을 강요당한 지난 시대의 엄마들을 이젠 찾아볼 수 없으며 그 희생이라는 것도 이데올로기로 포장된 젠더롤의 일부임을 자인해야만 하는 시대의 현실을 의미하는 것이기도 하다. 그렇다면 지난 시대 우리들 어머니의 삶은 모두 여성으로서의 삶을 자각하지 못한 몽매였다고 치부할 수 있겠는가. 이러한 역의 논리가 성립되지 않는다면, 우리 시대의 페미니스트 로직이 또 다른 의미의 젠더 편향gender biases을 재생산하는 것은 아닌지 조심스레 성찰해볼 필요가 있다.

가장으로서 부모로서의 삶이 무엇인가를 애써 지켜내고자 견뎌낸 하루하루라면 그 마지막은 이제 안온함과 평화가 깃들어야 하겠지만 기실 삶은 그렇지 않다.

넘어졌어요.
Help!

뒤를 모른 채 앞만 보고 달리던 전동킥보드 길가에 배 뒤집고 누웠다. 누군가의 필요가 방전된 채 쓰러져 스스로 직립할 수 없다.

속도 위에 올라탄 질주 본능, 속도의 유희 속으로 빠져들던 화양연화 시절이 있었다.

일으켜줄 이도, 충전시켜줄 이도 없는, 속도를 이탈한 고철 덩어리가 집하장으로 실려 간다

달려온 길 사라지고 죽은 길 마중 나온다.

— 「시립 요양원」 전문

마그리트René Magritte가 담배 파이프를 그려놓고 "이것은 파이프가 아니다Ceci n'est pas une pipe"라는 문구를 삽입함으로써 이미지를 배반[〈이미지의 배반La trahison des images〉(1929)]한 것처럼, 우리가 바라보는 사물은 그 사물의 관습적 표상을 의미하지 않을 수 있다. 결국 마그리트는 이미지와 실재의 간극을 통해 사물의 의미를 재배치하고 대상을 또 다른 방식으로 전유할 수 있는 가능성을 열어놓는다.

왜 마그리트를 이야기하고 있는가. 인용한 시는 분명히 전복된 전동킥보드를 묘사하고 있지만 결국 이 시는 "이것은 킥보드가 아니다"를 말하고 있기 때문이다. 여기 앞만 보고 달리다가 길가에 뒤집혀 누워 있는 전동킥보드가 있다. 더 이상 소용에 닿지 않는 전동킥보드는 스스로 다시 설 수도 없다. 하지만 그 킥보드에게도 "질주 본능, 속도의 유희 속으로 빠져들던 화양연화의 시절"이 있었더랬다. 지금은 "일으켜줄 이도, 충전시켜줄 이도 없는, 속도

를 이탈한 고철 덩어리"로 집하장으로 실려 가야 하는 처지다. 결국 "달려온 길 사라지고 죽은 길(이) 마중" 나오게 되는데, 시인은 이러한 진술의 시에 「시립 요양원」이라는 제목을 떡하니 붙여놓았다.

이렇게 달려온 인생길 모두 지워지고 이제 가야 할 길만이 남은 고철 덩어리들과 같은, 어딘가 모두 닳고 빠지고 부서진 노인들의 집하장이 바로 시립 요양원이기 때문이다. 시인은 전복되어 다시 쓸 수 없는 고철 덩어리가 된 전동킥보드라는 익숙한 사물을 인간사의 낯선 맥락에 배치하여 새로운 의미를 불러일으킴(데페이즈망 dépaysement)으로써 노년의 허망하고 소외된 존재감을 시각적으로 환기한다.

〈노인을 위한 나라는 없다No Country for Old Men〉(코엔 형제, 2007)가 있다. 이 영화의 제목은 사실 예이츠의 시 「비잔티움 항행Sailing to Byzantium」의 첫 구절 "That is no country for old men"에서 따온 것으로 '톰 벨Ed Tom Bell' 보안관으로 상징되는 옛날 사람의 가치관 안에서 도저히 용납될 수 없는 폭력과 죽음으로 가득 찬 세계의 모습을 의미한다. 이처럼 결국 삶의 마지막 역정이 폐기된 기계— 고철덩어리로 전락한 전동킥보드—처럼 무가치하게 여겨지는 현실은 결국 노인을 위한 나라는 없음을 뼈아프게 되새기게 한다.

이렇게 최소한의 인간적 정의와 도리마저 사라진 세계

에서 우리는 무엇 때문에 사는가. 산다는 것은 가치가 있는 일이기는 한가. 이러한 비극적인 생에 대한 인식은 이런 시에 가닿게 한다.

   종이 위에 그림을 그린다

   새 몇 마리 그리자 쪽빛 하늘이 열리고 벼 몇 포기 그리자 황금빛 들녘이 된다. 물고기 몇 마리 그리니 출렁이는 강이 흐르고 나무 몇 그루 그리니 초록의 숲이 된다.

   여백에 사람 몇 그려 넣자
   일순간
   제 색깔을 잃는다

   파지破地가 된다

   구겨진 세상이 널브러져 있다
   —「파지」 전문

화자는 종이 위에 그림을 그린다. 새를 그리면 쪽빛 하늘이, 벼 몇 포기를 그리면 황금 들녘이, 물고기를 그리면 출렁이는 강이, 나무 몇 그루를 그리면 초록의 숲이 화폭에 드러난다. 그러나 여기에 "사람 몇 그려 넣자/ 일순간/ 제 색깔을 잃"고 만다. 그리하여 그림은 실패작이 되고 종이는 파지가 되고 만다. 마지막 행에서 화자는 말한다. "구겨진 세상이 널브러져 있다"고. 무엇 때문에 세상이 구겨진 파지가 되고 말았는가? 그것은 그려 넣은 몇 사람, 바로 그 사람 때문이다. 이 세상의 빛을 잃게 하는 주범으로서의 인간! 이 도저한 인간에 대한 환멸을 어찌할 것인가.

그러나 시인은 이 시집 한구석에 작은 희망의 씨앗을 심어 놓았으니 그것은 '붓다'라는 행위를 통해서 얻어진다.

이사 떠난 집 앞
미처 챙기지 못한 꽃 화분
타는 목마름으로 시들어간다
지나던 누군가 생수 한 병 붓다 간다

스쳐 지나간다
붓다인 듯
—「붓다」 전문

이 시에서 주인이 떠난 빈집 앞, 버려진 꽃 화분이 메말라 시들어갈 때 지나가던 누군가가 거기에 생수 한 병을 붓고 간다. 이에 화자는 말한다. '붓다Buddha'인 듯한 사람이 스쳐 지나간다고! 이 작은 꽃송이로 상징되는 생명에 대한 사랑과 연민을 뜻하는 자비, 중생의 고통에 공감하고 이를 구제하며 함께 깨달음에 이르고자 하는 보살심, 이러한 붓다의 가르침은 결국 타자의 고통에 공감하며 더 나아가 그러한 존재에게 생명수가 되는 일을 행하는 데서 시작된다. 그 붓다의 행위가 붓다의 모습으로 곳곳에서 현현할 때, 세상은 아직, 그러나, 그럼에도 불구하고, 라는 믿음을 거두어들이지 않게 할 것이다. 이러한 믿음으로 박중기 시인의 시가 "시속을 모르는/ 겁이 없는/ 사랑"을 싣고 더 멀리 아득히 질주하길 소망한다. "부릉, 부르릉"(「중국집 오토바이 배달맨」) 일상에서 건져 올린 싱싱한 은유의 힘으로, 냄새나는 똥 굴리는 소똥구리에서 향기 나는 엄마를 떠올리듯, 속俗과 성聖의 세계를 가로지르며 천지사방 붓다를 일깨우며……. 끝

달아실 기획시집 49

산다와 살다의 상관관계

1판 1쇄 발행	2025년 10월 22일
지은이	박중기
발행인	윤미소
발행처	(주)달아실출판사
책임편집	박제영
기획위원	박정대, 이홍섭, 전윤호
편집위원	김선순, 이나래
디자인	전부다
법률자문	김용진, 이종진
주소	강원도 춘천시 춘천로 257, 2층
전화	033-241-7661
팩스	033-241-7662
이메일	dalasilmoongo@naver.com
출판등록	2016년 12월 30일 제494호

ⓒ 박중기, 2025
ISBN 979-11-7207-075-5 03810

이 책의 일부 또는 전부를 재사용하려면 반드시 저작권자와 (주)달아실출판사 양측의 동의를 얻어야 합니다.

* 잘못된 책은 구입한 곳에서 바꿔드립니다.
* 책값은 뒤표지에 표시되어 있습니다.
* 이 책은 ◯ 춘천시와 ◯ 춘천문화재단 후원으로 제작되었습니다